I0018703

Michaël Guibougna Lawakilea Folane
Marius GW Bamogo

Etude et réalisation de l'interconnexion de sites par WiMAX

Michaël Guibougna Lawakiléa Folane
Marius GW Bamogo

Etude et réalisation de l'interconnexion de sites par WiMAX

Etude et réalisation de l'interconnexion des sites de la SONAPOST situés à Ouagadougou (BF) par la technologie WiMAX

Éditions universitaires européennes

Mentions légales / Imprint (applicable pour l'Allemagne seulement / only for Germany)
Information bibliographique publiée par la Deutsche Nationalbibliothek: La Deutsche Nationalbibliothek inscrit cette publication à la Deutsche Nationalbibliografie; des données bibliographiques détaillées sont disponibles sur internet à l'adresse http://dnb.d-nb.de.
Toutes marques et noms de produits mentionnés dans ce livre demeurent sous la protection des marques, des marques déposées et des brevets, et sont des marques ou des marques déposées de leurs détenteurs respectifs. L'utilisation des marques, noms de produits, noms communs, noms commerciaux, descriptions de produits, etc, même sans qu'ils soient mentionnés de façon particulière dans ce livre ne signifie en aucune façon que ces noms peuvent être utilisés sans restriction à l'égard de la législation pour la protection des marques et des marques déposées et pourraient donc être utilisés par quiconque.

Photo de la couverture: www.ingimage.com

Editeur: Éditions universitaires européennes est une marque déposée de Südwestdeutscher Verlag für Hochschulschriften GmbH & Co. KG
Heinrich-Böcking-Str. 6-8, 66121 Sarrebruck, Allemagne
Téléphone +49 681 37 20 271-1, Fax +49 681 37 20 271-0
Email: info@editions-ue.com

Produit en Allemagne:
Schaltungsdienst Lange o.H.G., Berlin
Books on Demand GmbH, Norderstedt
Reha GmbH, Saarbrücken
Amazon Distribution GmbH, Leipzig
ISBN: 978-3-8381-8089-2

Imprint (only for USA, GB)
Bibliographic information published by the Deutsche Nationalbibliothek: The Deutsche Nationalbibliothek lists this publication in the Deutsche Nationalbibliografie; detailed bibliographic data are available in the Internet at http://dnb.d-nb.de.
Any brand names and product names mentioned in this book are subject to trademark, brand or patent protection and are trademarks or registered trademarks of their respective holders. The use of brand names, product names, common names, trade names, product descriptions etc. even without a particular marking in this works is in no way to be construed to mean that such names may be regarded as unrestricted in respect of trademark and brand protection legislation and could thus be used by anyone.

Cover image: www.ingimage.com

Publisher: Éditions universitaires européennes is an imprint of the publishing house Südwestdeutscher Verlag für Hochschulschriften GmbH & Co. KG
Heinrich-Böcking-Str. 6-8, 66121 Saarbrücken, Germany
Phone +49 681 37 20 271-1, Fax +49 681 37 20 271-0
Email: info@editions-ue.com

Printed in the U.S.A.
Printed in the U.K. by (see last page)
ISBN: 978-3-8381-8089-2

TABLE DES MATIERES

DEDICACE

**À
Nos parents respectifs qui nous ont
soutenus tout au long de notre
formation.**

REMERCIEMENTS

La réussite de ce stage a été possible grâce aux soutiens multiformes de certaines personnes qu'il convient de remercier. Il s'agit notamment de :

Monsieur Cléophas Adéodat TOE, PDG de ASD TECHNOLOGY ;

Monsieur Yacouba Ouattarra, enseignant à l'ESI pour la supervision éloquente du présent rapport ;

Monsieur François Sam, DG de ASD TECHNOLOGY ;

Monsieur Souleymane Savadogo, Directeur Technique de ASD TECNOLOGY, notre maître de stage ;

Monsieur Ibrahim Ballo, ingénieur informaticien à ASD TECHNOLOGY ;

Monsieur Josué Toé, ingénieur informaticien ;

Ainsi que tout le personnel de ASD TECHNOLOGY pour l'encadrement technique.

Nous n'oublions pas de remercier l'Ecole Supérieure d'Informatique (ESI) pour la qualité de la formation fournie durant ces trois années ;

Ainsi qu'à toutes les personnes qui nous ont soutenus d'une manière ou d'une autre.

A toutes ces personnes, nous disons du fond du cœur **MERCI**.

INTRODUCTION

La nécessité d'aller plus vite et d'être de plus en plus pointu dans le traitement de l'information a favorisé l'introduction de l'informatique dans tous les domaines d'activités. Aucun domaine n'échappe à cette révolution technologique, qui au fil des jours s'affiche comme un outil indispensable de travail. Le besoin de répartition et de disponibilité de l'information à tous les postes des entreprises a entraîné l'émergence des réseaux locaux. La multiplication des réseaux locaux entraînera le besoin d'interconnexion. Un nouveau challenge s'offre aux professionnels de l'informatique. Celui d'interconnecter les réseaux locaux entre eux afin que l'emplacement géographique ne soit plus un handicap pour l'accès aux informations. C'est donc l'avènement de l'interconnexion de réseaux locaux dont les technologies filaires en furent les pionniers.

Le souci d'utiliser des supports moins encombrants et faciles d'installation va propulser les technologies d'interconnexion sans fil au-devant de la scène. Est de celles-ci la technologie WiMAX qui a un bel avenir devant elle.

Le présent document qui se trouve être notre rapport de fin de cycle, étudiera l'interconnexion des différents sites de la SONAPOST situés à Ouagadougou en utilisant cette nouvelle technologie.

Avant de nous atteler à l'étude approfondie de cette technologie, nous proposerons dans un premier temps, un bref aperçu des technologies d'interconnexion envisageables dans ce cas.

PREMIÈRE PARTIE :
PRESENTATION de Adaptive Secure Designs
(ASD) TECHNOloGY SARL

I. LES GENERALITES

ASD (Adaptive Secure Design) TECHNOLOGY est une corporation américaine oeuvrant dans le domaine de l'informatique dont le siège est à San Francisco en Californie aux Etats-Unis .Son fondateur Monsieur Adéodat Cléophas TOE est un leader exceptionnel avec plus de 10 ans d'expérience travaillant avec des multinationales. En janvier 2004, ASD a constitué une entité à gestion autonome, dénommée ASD TECHNOLOGY SARL, basée à Ouagadougou au Burkina Faso.

II. LES OBJECTIFS ET MISSIONS

1. Les Objectifs

ASD TECHNOLOGY SARL a pour vocation, la formation et la fourniture de services et produits informatiques. Ces principaux objectifs sont :

- Rendre disponible les produits informatiques au Burkina ;
- Améliorer la qualité des formations en informatique et les rendre accessibles sur place.

Son équipe dirigeante est constituée d'ingénieurs informaticiens, de professionnels en vente de produits et services de qualité à des prix compétitifs dans la zone UEMOA, des professionnels en marketing, en opérations techniques, financières et en formation professionnelle.

2. Les missions

ASD TECHNOLOGY s'est fixée comme mission d'apporter plus de précisions et de connaissances en terme de formation de pointe pour les Nouvelles Technologies de l'Information et de la Communication (NTIC) ; cette formation de pointe vise à relever le niveau de compétitivité des sociétés dans cette ère où la détention et l'accès à l'information est un avantage concurrentiel certain.

Ainsi donc, ASD TECHNOLOGY SARL en partenariat avec American Technology Institute (ATI), propose tout au long de l'année des sessions de formations embrassant presque tous les domaines d'activités allant de l'initiation au perfectionnement.

ASD TECHNOLOGY SARL s'est aussi fixée comme mission, le développement de la maintenance informatique, des réseaux en général et des réseaux informatiques en particulier au Burkina Faso. C'est ainsi qu'elle entreprend des formations dans ces domaines et œuvre pour le perfectionnement de ses fournitures d'accès Internet par WiMAX à ses clients.

III. ORGANISATION DE ASD TECHNOLOGY

ASD TECHNOLOGY a à sa tête monsieur Cléophas Adéodat TOE qui en est le Président Directeur Général (PDG) et aidé dans ses tâches par un Directeur Général (DG) en la personne de monsieur François SAM. Ce dernier travaille avec une équipe qualifiée, jeune et dynamique permettant à l'entreprise d'apporter une grande satisfaction aux besoins de sa clientèle.

1. Le Président Directeur Général (PDG)

C'est l'instance de décision suprême de l'entreprise. C'est lui qui décide des grandes orientations et projets.

2. La Direction Générale (DG)

C'est elle qui coordonne les activités au sein de la société. Le Directeur Général supervise et décide des actions à mener en vue d'atteindre les objectifs visés dans les prestations de services.

3. Le Secrétariat de Direction (SD)

Le secrétariat de direction est chargé de faire circuler l'information d'une part entre l'extérieur et ASD TECHNOLOGY et d'autre part au sein de l'entreprise. Les dossiers administratifs y sont d'abord enregistrés puis transmis au service concerné pour traitement et exécution avec accord du Président Directeur Général.

4. La Direction Comptable et Financière (DCF)

La direction comptable et financière est chargée de l'enregistrement et du traitement des différentes opérations comptables ; c'est-à-dire les achats et les ventes. Sur le plan financier, elle s'occupe de toutes les opérations bancaires et du recouvrement des factures.

5. La Direction Commerciale et marketing (DCM)

La direction commerciale et marketing s'occupe des activités commerciales au sein de la société. Elle entretient des relations étroites avec d'importants grossistes en informatique. Elle met à la disposition de ces clients une grande variété de matériels de qualité dont des ordinateurs portables et de bureau de la dernière génération, des imprimantes couleurs et noir/blanc, des scanners, des produits réseaux (serveurs, routeurs, concentrateurs VPN, Pare-feux, switchs, catalystes commutateurs, des logiciels, progiciels et systèmes d'exploitation).

6. La Direction Technique (DT)

Elle est constituée de deux départements :

❖ **Le département formation**

Cette section s'occupe des formations de certifications CISCO, CHECKPOINT, ainsi que d'autres formations spécialisées. Les diverses formations et certifications offertes par ASD TECHNOLOGY sont :

- Les certifications CISCO en réseaux informatiques (CISCO education) dont :

+Le CCNA (CISCO Certified Network Associate);

+Le CCDA (CISCO Certified Design Associate);

+Le CCNP (CISCO Certified Network Professional);

+Le CCDP (CISCO Certified Design Professional);

+Le CCIE (CISCO Certified Internetwork Expert-Routing and switching);

+Le CCIE (CISCO Certified Internetwork Expert Security);

+Le CCIP (CISCO Certified Internetwork Professional);

+Le CAN (CISCO Network Academy).

- Les certifications CHECKPOINT en réseaux informatiques (CHECKPOINT Education) :

+Le CCSA (CHECKPOINT Certified Security Administrator);

+Le CCSE (CHECKPOINT Certified Security Expert);

- Les formations spécialisées sont:

+Le BSCI (Building Scalable CISCO Internetworks);

+Le BCMSN (Building CISCO Multilayer Switched Networks);

+Le BCRAN (Building CISCO Remote Access Networks);

+Le CIT (CISCO Internetwork Troubleshooting);

+Le CISCO Voice Over IP;

+Le Aironet Wireless LAN Fundamentals;

+Le Designing CISCO Network Service Architecture;

+Le CISCO Design Essentials-Enterprise Voice Over Data Design;

+Le Designing for CISCO Internetwork solutions;

+Le CISCO IP telephony;

+Le CISCO Call Manager Basic Administration;

+Le CISCO IP telephony Troubleshooting;

+Le configuring BGP (Border Gateway Protocol) on CISCO routers;

+Le Aironet Wireless LAN Fundamentals and CISCO Aironet Wireless Site Survey;

+Le CISCO Secure PIX Firewall Advanced.

ASD TECHNOLOGY offre également une formation en maintenance et en réseaux informatiques.

❖ **Le département réseaux, télécoms et maintenance**

Il est constitué d'ingénieurs informaticiens. Il constitue l'un des pôles productifs de ASD TECHNOLOGY. Ces ingénieurs s'occupent de tout ce qui est technique (réseaux, maintenance, programmation, génie informatique, analyse, conception, électricité, câblage, etc.).

Ainsi Adaptive Secure Design (ASD) TECHNOLOGY est une société informatique qui assure un service complet aux clients. Elle regroupe en un seul lieu toutes les solutions informatiques, offrant ainsi aux clients l'opportunité d'avoir un partenaire unique, répondant à tous leurs besoins informatiques.

Les soucis constants de ASD TECHNOLOGY sont d'assurer la qualité, le gain de temps, et la fiabilité des produits livrés. Afin de faire face à ces défis, ASD TECHNOLOGY, à l'instar de toute société dynamique et grandissante, s'est dotée de matériels informatiques à la pointe de la technologie, d'un personnel qualifié et dispose d'une bonne organisation.

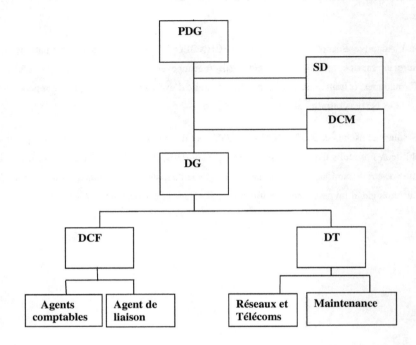

Organigramme de ASD TECHNOLOGY SARL

LES OBJECTIFS DE L'ETUDE

Le présent rapport est le fruit de trois mois de stage passés à ASD TECHNOLOGY sur le thème << **Etude et réalisation de l'interconnexion des sites de la SONAPOST situés à Ouagadougou par la technologie WiMAX>>**. La SONAPOST utilise actuellement la technologie VPN (Virtual Private Network) et la liaison spécialisée (LS) pour l'interconnexion de ses sites. Aujourd'hui elle ambitionne de créer un réseau robuste d'entreprise indépendamment des opérateurs de télécommunications. La question suivante se pose :comment se passer du VPN et de la LS qu'elle utilise présentement et pouvoir desservir les sites au niveau de Ouagadougou ? ASD TECHNOLOGY dans le souci de trouver une meilleure solution de faisabilité à la SONAPOST nous a soumis le présent thème.

**DEUXIÈME PARTIE :
LES TECHNOLOGIES D'INTERCONNEXION
DE RESEAUX LOCAUX ENVISAGEABLES
DANS LE CAS DE LA SONAPOST.**

I. LA FIBRE OPTIQUE

La fibre optique est un support physique permettant la transmission de données à haut débit sous forme d'impulsions lumineuses modulées. Il existe deux catégories de fibre optique : la fibre optique monomode qui permet d'atteindre un débit de 100 Gb/s et la fibre optique multimode dont le débit est compris entre 20 et 500 Mb/s.

LES AVANTAGES

Les avantages de la fibre optique sont :

- Débit très élevé ;
- Transmission longue distance ;
- Sécurité élevée ;
- Perte de signal sur une grande distance bien plus faible que lors d'une transmission électrique dans un conducteur métallique ;
- Faible poids ;
- insensibilité aux interférences extérieures (proximité d'un câble à haute tension par exemple) ;
- pas d'échauffement (à haute fréquence le cuivre chauffe, il faut le refroidir pour obtenir des débits élevés).

LES INCOVENIENTS

Comme inconvénients, nous avons :

- Coût de déploiement élevé (prix du mètre et installation nécessitant des spécialistes dans le domaine) ;
- Maintenance difficile.

II. LA LIAISON SPECIALISEE

La liaison spécialisée (LS) est une ligne téléphonique tirée directement entre les locaux du client et le fournisseur d'accès. Le débit varie entre 64 Kb/s à 2 Mb/s, et le coût est fonction du débit demandé.

Dans le cas de l'interconnexion de réseaux locaux, on utilisera un modem et un routeur pour chaque réseau local. La liaison se ferra à travers une ligne téléphonique qui reliera les modems entre eux, connectés à leur tour aux routeurs.

LES AVANTAGES

Les avantages de la liaison spécialisée sont :

- le débit est garanti puisque la bande passante n'est pas partagée ;
- la transmission de l'information est en temps réel.

LES INCOVENIENTS

Comme inconvénients, nous avons :

- Le coût élevé en fonction du débit demandé ;
- Le besoin d'un opérateur de télécommunication.

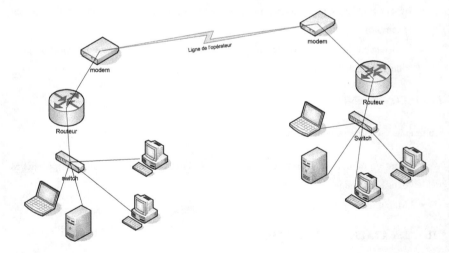

III.   LE VPN

Le VPN est l'abréviation de Virtual Private Network ou Réseau Privé Virtuel. Le VPN dispose de la même fonctionnalité qu'un réseau privé (utilisant des lignes spécialisées) mais utilise Internet pour créer des lignes louées virtuelles qui passent par le réseau public. Un VPN permet le raccordement de travailleurs mobiles, l'interconnexion de sites distants. Il est constitué de liaisons virtuelles sur Internet entre des sites distants appartenant à une même société ou à un même organisme. Les informations sont transmises à travers un « tunnel » crypté sur internet.

LES AVANTAGES

Les avantages du VPN sont :

- La possibilité de réaliser des réseaux privés à moindre coût ;
- La mise en oeuvre d'un intranet étendu permettant à tous les utilisateurs d'accéder à distance à des ressources partagées, quelle que soit leur localisation géographique.

LES INCONVENIENTS

Les inconvénients liés à cette technologie sont :

- Le Problème de sécurité lié au risque de piratage des données ;
- La Disponibilité du réseau est liée à internet.

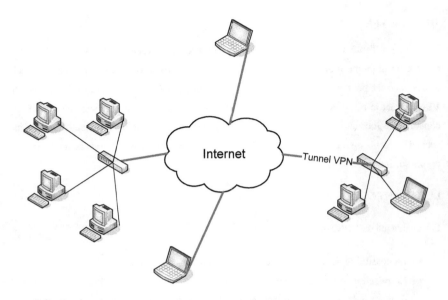

Figure2 : interconnexion de réseaux locaux par VPN

IV.   LES TECHNOLOGIES xDSL

Le terme DSL signifie Digital Subscriber Line (Ligne numérique d'abonné) et regroupe l'ensemble des technologies mises en place pour un transport numérique de l'information sur une simple ligne de raccordement téléphonique. Elles sont utilisées comme solution d'accès permanent haut débit à Internet. Une paire de cuivre offre une bande passante de 1Mhz, or seulement 4khz sont utilisés pour la transmission de la voix. L'idée de base de toutes les technologies DSL est de doper le support cuivre téléphonique, au-delà des fréquences réservées à la voix. Les technologies xDSL sont divisées en deux grandes familles, celles utilisant une transmission symétrique (débit identique en flux montant (utilisateur/central) comme en flux descendant (central/utilisateur)), et celle utilisant une transmission asymétrique (débit du flux descendant supérieur a celui du flux montant). En étudiant différents cas de figure, on s'est aperçu qu'il était possible de transmettre des données plus rapidement d'un central vers un utilisateur mais que lorsque l'utilisateur envoie des données vers le central, celles-ci sont plus sensibles aux bruits causés par des perturbations électromagnétiques (plus on se rapproche du central, plus la concentration des câbles augmentent, donc ces derniers génèrent plus de diaphonie).

L'idée est donc d'utiliser un système asymétrique, en imposant un débit plus faible de l'abonné vers le central.

CAS DE L'ADSL (Asymetric Digital Subscriber Line)

Cette technologie permet de numériser la partie terminale de la ligne de l'abonné et de faire supporter simultanément sur une paire de fils de cuivre le service téléphonique de base et les flux de données numériques à haut débit. Elle nécessite l'installation d'un filtre et d'un modem spécifique à chaque extrémité du réseau (central téléphonique, équipement abonné). La technique de transmission asymétrique offre deux canaux destinés aux données, avec un débit maximal (de 8Mbit/s dans le sens réseau/abonné et de 640 kb/s dans le sens inverse) variable avec la distance de raccordement. L'ADSL libère en outre un peu de bande passante pour conserver le canal téléphonique de 4 kHz. Cette technologie se trouve être adaptée au multimédia par Internet, le flux descendant étant beaucoup plus important que le flux montant. L'ADSL convient bien aux applications interactives du type vidéo à la demande (VOD), aux services audiovisuels interactifs fournissant plusieurs canaux TV, et permet une interconnexion entre réseaux Locaux .L'ADSL préservant le canal de la voix, il est donc possible de téléphoner tout en " surfant sur le web".

LES AVANTAGES

Les avantages des technologies xDSL sont :

- Elles utilisent un support existant (les câbles téléphoniques) ;
- La Possibilité d'utiliser simultanément le téléphone et l'accès Internet ;
- La Connexion est permanente.

LES FAIBLESSES

Les faiblesses liées à ces technologies sont :

- Le débit décroît avec la distance ;
- La distance abonné central est limitée ;
- Les perturbations engendrées par la ligne de cuivre ;

- La connexion permanente à Internet introduit un risque potentiel dans le système d'information de l'entreprise.

Synthèse des technologies xDSL

Technologie xDSL	signification	Mode de transmission	Débit Mbit/s	Mode de fonctionnement Canal	Distance/Débit Km/ (Mbit/s)
ADSL	Asymetric DSL	Asymétrique	1,5444 à 9 0.016 à 0.640	Descendant Montant	5,5 / 1,5 1,8 / 7
HDSL	High bit rate DSL	Symétrique	1.544 2,048	Duplex sur 2 paires Duplex sur 3 paires	5,5 / 2,048
SDSL	Single Line DSL	Symétrique	0,128 à 2	Duplex	3,6 / 2,048
VDSL	Rate Adaptive DSL	Asymétrique	13 à 51 1,544 à 2,3	Descendant Montant	1,5 / 3 0,3 / 51
RADSL	Single pair HDSL	Asymétrique	0,600 à 7 0,128 à 1,024	Descendant Montant	5,5 / 1,5 1,8 / 7

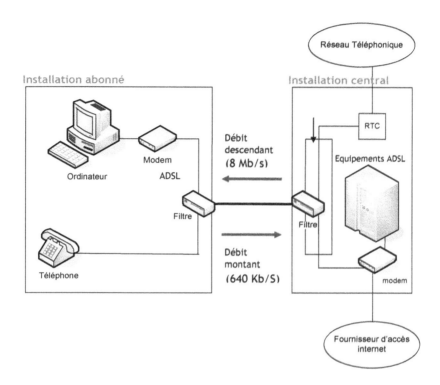

Figure3 : schéma illustratif de la technologie ADSL

V. LES LIAISONS RADIOS

1. Les satellites

Un satellite est un engin spatial en orbite autour de la Terre, qui assure des communications à distance en relayant des signaux par ondes radio. Par l'intermédiaire de stations terrestres, un satellite de télécommunication permet de transmettre à grande distance des informations de diverses natures (données téléphoniques, télégraphiques, radiodiffusion, etc.) à un débit autour de 3 Mb/s. Il est placé en orbite par une fusée ou par un système de transport spatial.

Les premiers satellites de télécommunication ont été conçus pour fonctionner en mode passif, se contentant de réfléchir les signaux émis par les stations terrestres. Aujourd'hui, les communications par satellites sont assurées par des systèmes actifs, possédant leur propre équipement d'émission et de réception.

Un satellite tourne autour de la terre selon les lois de la gravitation, en décrivant une trajectoire en forme d'ellipse ou de cercle dont le plan passe par le centre de la terre. Sa vitesse étant inversement proportionnelle à son altitude, elle est donc minimale lorsque le satellite est à l'apogée de son orbite (point de la trajectoire le plus éloigné de la terre) et maximale lorsqu'il se trouve à son périgée (point de la trajectoire le plus proche de la terre).

Les différents types d'orbites, et donc de satellites, diffèrent selon leur altitude et leur inclinaison par rapport au plan de l'équateur. Plus un satellite est loin de la terre, plus il est lent : un satellite géostationnaire, situé à près de 35 800 km d'altitude, met ainsi exactement un jour pour décrire son orbite, alors qu'un satellite d'observation en orbite basse (entre 750 et 1500 km d'altitude) peut effectuer le tour du globe en 1 h 20 min. La couverture d'un satellite, c'est-à-dire la surface au sol qu'il est à même de desservir, est déterminée par le choix de son orbite et par les caractéristiques des antennes dont il est muni.

Toutes les communications par satellites exploitent les ondes radio, en dehors de quelques rares utilisations des rayons laser, capables de traverser l'eau et donc appliqués aux transmissions entre satellites et sous-marins. Avec l'augmentation continue du nombre de systèmes, le problème de l'allocation des fréquences devient aujourd'hui crucial. Les principales bandes utilisées (fréquence de montée / fréquence de descente) sont actuellement les suivantes :

• La bande L (1,6/1,4 GHz), de 80 MHz de largeur, réservée aux communications mobiles. Constituant la bande de fréquence la moins sujette aux perturbations atmosphériques, elle est utilisée par de petites stations terrestres mobiles (bateaux, véhicules terrestres et avions). Étant donné le nombre actuel de projets de téléphonie mobile en cours, elle risque de devenir rapidement insuffisante ;

• La bande C (6/4 GHz), d'une largeur de 500 MHz, très employée par les centaines de satellites actifs aujourd'hui en orbite. De ce fait, elle est actuellement saturée ;

•La bande X (8/7 GHz), réservée aux applications militaires ;

• La bande Ku (14/12 GHz), également beaucoup utilisée, principalement par de grandes stations terrestres fixes ;

• La bande Ka (30/20 GHz), qui demeure la seule encore libre. Mais l'utilisation de fréquences élevées implique un coût technologique important, et de plus, ces dernières sont très sensibles aux perturbations atmosphériques.

LES AVANATAGES

Comme avantages, nous avons :

- Très grande surface de couverture ;
- Souplesse opérationnelle (peuvent être reconfigurés en fonction de l'évolution des techniques et des besoins) ;
- Couverture des sites isolés (îles, bateaux …) ;
- Couverture des zones géographiques dépourvues d'infrastructures (forêt équatoriale, désert …) ;
- Collecte d'informations météorologiques ou hydrologiques.

LES INCONVENIENTS

Les inconvénients sont :

- Durée de vie restreinte (car leurs propulseurs de stabilité ont une réserve en carburant limitée.) ;
- Coût du déploiement très élevé.

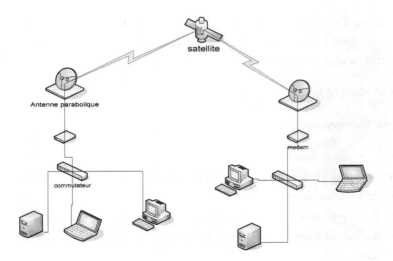

Figure4 : interconnexion de réseaux locaux par satellite

2. La technologie BLR

La BLR, acronyme de Boucle Local Radio est une technologie normalisée sous la référence IEEE 802.16. Elle est une technologie de connexion sans fil, fixe et bidirectionnelle.

-Sans fil car elle utilise les ondes radio comme moyen de transmission ;

-fixe car le récepteur (l'antenne) doit être fixe, il ne peut être mobile ;

-bidirectionnelle parce que la liaison de communication se fait dans les deux sens.

La bande de fréquence de la BLR est comprise entre 3,5 et 26 GHz, avec une zone de couverture maximale de 10 km. Le débit maximal offert par la BLR de nos jours est de 8Mb/s.

LES AVANTAGES

Les avantages à ce niveau sont :

- Facilité de mise en œuvre (pas besoin de travaux de génie civil) ;
- Possibilité d'investissement progressif en fonction de la demande ;

- Faible coût de déploiement par rapport au réseau filaire ;
- Débit élevé.

LES FAIBLESSES

Les faiblesses rencontrées au niveau de la BLR sont :

- Zone de couverture limitée ;
- Obligation de vue directe entre les antennes (LOS : Line of Sight) ;
- Sensibilité aux conditions météorologiques.

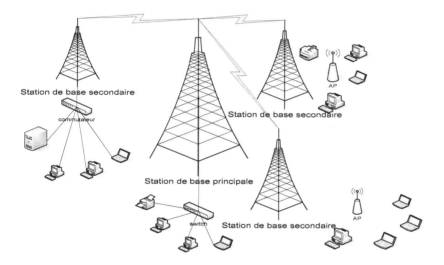

Figure5 : Interconnexion de réseaux locaux par BLR

3. Le WiMAX

L'évolution technologique des interconnexions de réseaux a permis de s'affranchir de l'utilisation des câbles (paire torsadée, fibre optique…). L'utilisation du réseau filaire est progressivement délaissée au profit des réseaux sans fils en raison des contraintes liées à leur déploiement et maintenance. Le nouveau monde de l'interconnexion se caractérise par l'utilisation des voies hertziennes. La boucle locale radio, utilisée pour l'interconnexion de bâtiments en accès haut débit par voie hertzienne, a trouvé un nouveau souffle avec la technologie WiMAX. Le WiMAX étend la couverture et le débit de la BLR. Outre les connexions en ligne de vue directe ou LOS (Line Of Sight) dans la bande 10-66 GHz, le WiMAX permet aussi une connexion NLOS (No Line Of Sight) dans la bande 2-11 GHz, grâce à l'utilisation de la modulation OFDM. Elle permet notamment de surfer sur Internet en haut débit, de téléphoner (VoIP), ou encore d'interconnecter des réseaux d'entreprises. Le WiMAX utilise une antenne émettrice installée sur un point haut pour une couverture maximale des signaux émis. Pour recevoir le signal radio une antenne radio sera orientée vers l'antenne émettrice qui permettra de recevoir et d'émettre en WiMAX.

Critères de choix de la technologie WiMAX

Au regard de toutes ces solutions qui se présentent, il nous appartient donc d'opérer un choix judicieux et optimal pour l'interconnexion des sites de la SONAPOST. Ce choix doit tenir compte entre autres des objectifs et projets poursuivis par cette société.

Après analyse des différents critères de choix, nous avons retenu la technologie WiMAX pour plusieurs raisons :

- l'indépendance de la SONAPOST vis-à-vis des opérateurs de télécommunications (cela fait partie des objectifs recherchés par cette société) ;
- la diversité et l'excellente qualité des services offerts par le WiMAX ;
- la portée des équipements ;
- la rapidité et la facilité de déploiement ;
- la mobilité ;
- l'interopérabilité ;
- le débit élevé ;
- la facilité d'extension du réseau.

Ce choix porté sur le WiMAX nécessite une étude approfondie et détaillée de cette technologie en vue d'une meilleure implémentation.

TROISIÈME PARTIE :
PRESENTATION DE LA TECHNOLOGIE
WiMAX

Le WiMAX est un acronyme pour world interoperability for microwave access. Il est avant tout une famille de normes, définissant les connexions à haut débit par voie hertzienne. C'est également un nom commercial pour ces normes, comme l'est Wi-Fi pour 802.11 (la Wi-Fi Alliance est en cela comparable au WiMAX Forum). Le WiMAX décrit des technologies hertziennes destinées à des architectures point multipoint : à partir d'une antenne centrale on cherche à toucher de multiples terminaux. La technologie WiMAX promet des débits de plusieurs dizaines de Mb/s sur des rayons de couverture de quelques dizaines de kilomètres. Cette technologie adresse notamment le marché des réseaux métropolitains MAN (Metropolitan Area Network).

Le WiMAX Forum a été monté en juin 2001 à l'initiative de Intel et Alvario-n pour permettre la convergence et l'interopérabilité entre deux standards de réseaux sans fil a uparavant indépendants :

HiperMAN, proposé en Europe par l'ETSI (European Telecommunications Standards Institut e), et 802.16 proposé par l'IEEE (Institute of Electrical and Electronics Engineers).

Aujourd'hui, le WiMAX Forum rassemble plus de 240 Fournisseurs et Opérateurs de télécommunication dont AT&T Wireless, Intel, Fujitsu Microelectronics America, Alcatel, Motorola, Nokia, Siemens Mobile, France Télécom...

I.   LES DIFFERENTES NORMES WiMAX

Un des objectifs fondateurs du WiMAX Forum est la recherche de l'interopérabilité. Elle est obtenue par les voies de la normalisation et de la certification, et est un des enjeux majeurs du WiMAX. Elle est un enjeu d'autant plus important que le WiMAX est défini pour une large bande de fréquences, de 2 à 66 GHz, dans laquelle on trouve des technologies existantes, comme le Wi-Fi, et qu'il autorise des débits, des portées et des usages très variés.

1.   IEEE std 802.16

Définit des réseaux métropolitains sans fil sur des bandes de fréquences supérieures à 10 GHz.

2.   IEEE std 802.16a

Définit des réseaux métropolitains sans fil sur des bandes de fréquences comprises entre 2 et 11 GHz. Le 802.16a a été amendé depuis, par 802.16-2004, et en toute rigueur on ne devrait plus parler de cette version a. Conduite par le groupe de travail IEEE 802.16 d, cette version amendée est parfois également appelée 802.16d.

3. IEEE std 802.16b

Définit des réseaux métropolitains sans fil dans les bandes de fréquences comprises entre 10 et 60 GHz. Fusionné avec 802.16a

4. IEEE std 802.16c

Définit les options possibles pour les réseaux utilisant les fréquences entre 10 et 66 GHz.

5. IEEE std 802.16d (IEEE std 802.16-2004)

Révise et corrige quelques erreurs détectées dans les standards 802.16, 802.16a et 802.16c et apporte des améliorations pour pouvoir supporter 802.16e. Cette norme utilise les fréquences entre 2 et 11 GHz.

6. IEEE std 802.16e

Ce standard définit la possibilité d'utilisation de réseaux métropolitains sans fil avec des clients mobiles dans la plage de fréquences de 2 à 6 GHz. Le WiMAX mobile ouvre ainsi la voie à la téléphonie mobile sur IP ou plus largement à des services mobiles haut débit.

7. IEEE std 802.16f

Définit la possibilité d'utilisation de réseaux sans fil maillés (mesh network). Cela ajoute entre autre l'itinérance (handover) entre plusieurs points d'accès.

En résumé, aujourd'hui quand on parle de WiMAX fixe, il s'agit de la norme 802.16d (ou 802.16-2004). Pour la technologie WiMAX mobile, il s'agit de la norme 802.16e.

Synthèse des normes WiMAX

Standard	Bande de fréquence	Date de publication	Statut
IEEE std 802.16	Définit des réseaux métropolitains sans fil utilisant des fréquences supérieures à 10 GHz (jusqu'à 66 GHz).	8 avril 2002	Obsolète
IEEE std 802.16a	Amendement au standard 802.16 pour les fréquences entre 2 et 11 GHz.	1er avril 2003	Obsolète
IEEE std 802.16b	Définit des réseaux métropolitains sans fil dans les bandes de fréquences comprises entre 10 et 60 GHz.		Fusionné avec 802.16a (Obsolète)
IEEE std 802.16c	définit les options possibles pour les réseaux utilisant les fréquences entre 10 et 66 GHz.	15 janvier 2003	Obsolète
IEEE std 802.16d (IEEE std 802.16-2004)	Révision intégrant les standards 802.16, 802.16a et 802.16c.	1er octobre 2004	Actif
IEEE std 802.16e	Apporte les possibilités d'utilisation en situation mobile du standard, jusqu'à 120 km/h.	7 décembre 2005	Actif

IEEE std 802.16f	Définit la possibilité d'utilisation de réseaux sans fil maillés (mesh n etwork). Spécifie la MIB (Management Inf ormation Base), pour les couches MAC (Media Access Control) et PHY (Physical).	22 janvier 2006	Actif

II. LES EQUIPEMENTS D'INTERCONNEXION ET LEURS CARACTERISTI QUES

1. Les équipements d'interconnexion

1.1 La station de base

Le cœur de la technologie WiMAX est la station de base (BTS : Base transceiver station), qui est l'antenne centrale chargée de communiquer avec les antennes d'abonnés (subscribers antennas). La BTS est constituée d'émetteurs-récepteurs (AU pour Access Unit) chargés de transmettre les informations reçues aux différentes antennes clientes et de recevoir les informations venant de celles-ci. Ces émetteurs-récepteurs sont placés en hauteur en vue de couvrir une large zone. Les AU que nous utiliserons ont un angle d'ouverture de 90°, ce qui nécessite l'utilisation de 4 (quatre) AU pour obtenir une couverture totale. Chaque AU est en mesure de desservir au maximum 250 antennes réceptrices. Dans le cas du WiMAX la BTS permet d'établir une connexion sans fil avec les antennes réceptrices sans nécessiter de ligne visuelle direct ou NLOS (No Line Of Sight).

1.2 L'antenne du client

Encore appelée SU (Subscriber Unit) elle permet de communiquer avec la station de base à l'aide d'un émetteur-récepteur assurant ainsi la liaison entre la BTS et l'équipement connecté (ordinateur, switch ou hub …) en passant par le modem.

1.3 Le modem

Il sert d'intermédiaire entre l'antenne WiMAX et les postes du réseau. Son rôle est de transformer les signaux reçus des postes de travail en ondes radio afin de les transmettre à l'antenne ou d'effectuer l'opération inverse lorsque les signaux proviennent de l'antenne. Il est relié à l'antenne via un câble à paire torsadée.

1.4 Le câble STP catégorie 5e

Ce câble sert à raccorder l'antenne du client ou de la station de base au modem. Il est conseillé d'utiliser des câbles STP avec des connecteurs blindés afin réduire au maximum les interférences électromagnétiques dans le but de minimiser les pertes liées à la connectique.

1.5 La station de base relais

Elle intervient lorsqu'on est en dehors de la zone de couverture de la station de base principale. Munie de deux antennes (émission/réception) elle joue le rôle de répéteur de signal entre la station de base et les antennes réceptrices. Le signal reçu est amplifié avant d'être transmis.

2. Les caractéristiques des antennes

2.1 Le Gain

Le gain d'une antenne est la quantité d'énergie reçue ou émise dans une direction par rapport à la quantité d'énergie reçue ou émise d'une antenne de référence.À puissance d'excitation identique, le champ obtenu par une antenne qui rayonne dans une certaine direction sera bien évidemment plus important (dans cette direction) que le champ obtenu par une antenne qui rayonne dans toutes les directions. Cette différence se traduit par un gain apparent. De là provient la notion de gain d'une antenne.

On exprime généralement le gain d'une antenne en décibel, soit par rapport au dipôle, soit par rapport à l'antenne isotrope. L'unité utilisée dans le premier cas est le dBd (décibel par rapport au dipôle) et dans le second cas le dBi (décibel par rapport à l'antenne isotrope). Le dBd est une unité pratique car elle permet de se faire une idée de l'amélioration apportée par l'antenne en gain mais le dBi est une meilleure référence car elle est universelle.La différence entre le dBi et le dBd est de 2,15 décibels, autrement dit un d ipôle demi-onde a un gain de 2,15 dBi.

Le gain d'une quelconque antenne dépend principalement de sa surface et de la fréquence. Plus la fréquence est élevée, plus le gain l'est aussi à dimension identique.

2.2 La Bande de fréquence

La fréquence de résonance de l'antenne dépend d'abord de ses dimensions mais aussi des éléments qui lui sont ajoutés. Par rapport à la fréquence de résonance centrale de l'antenne on peut tolérer un certain affaiblissement (généralement 3 décibels) qui détermine la fréquence minimum et la fréquence maximum d'utilisation ; la différence entre ces deux fréquences est la bande passante. Elle est habituellement notée B ou BP et exprimée généralement en hertz.

2.3 La directivité

On dit qu'une antenne est directive quand elle concentre l'énergie qu'elle rayonne dans une direction de l'espace. Par analogie avec la lumière, on peut comparer une antenne directive à un projecteur qui concentre la lumière en un faisceau étroit alors qu'un lustre a pour mission d'éclairer la totalité d'une pièce.

On améliore le gain d'une antenne en concentrant l'énergie rayonnée dans un lobe principal, ce qui implique que, d'un point de vue général, une antenne directive est aussi une antenne à gain.

L'antenne isotrope, c'est-à-dire rayonnant de la même façon dans toutes les directions, est un modèle théorique irréalisable dans la pratique.

Une antenne équidirective ou omnidirectionnelle rayonne de la même façon dans toutes les directions du plan horizontal. Elle est utilisée pour couvrir l'intégralité d'une zone. En revanche, la distance maximale reste limitée (forte dilution du signal).

Une antenne directionnelle privilégie la propagation des ondes radio dans une direction particulière, et selon un angle d'ouverture précis. On l'utilise surtout pour des liaisons point à point. En effet elle possède un gain non négligeable et émet sur une direction précise.

L'antenne sectorielle se situe à mi-chemin entre l'antenne omnidirectionnelle et l'antenne directionnelle. Contrairement à ces dernières, elle diffuse le signal sur un grand angle (généralement entre 60 et 180°) avec un gain souvent élevé. Si la zone à couvrir est bien définie (bureau, domicile, jardin, ensemble de maisons, quartier...) alors ce type d'antenne conviendra certainement.

2.4 Le diagramme de rayonnement

L'énergie rayonnée par une antenne se répartit dans l'espace de façon irrégulière. Elle est concentrée dans certaines directions en formant des lobes plus ou moins importants et nombreux. Le lobe principal est celui qui permet de caractériser la directivité de l'antenne ; il sert aussi à exprimer le gain de l'antenne par rapport à l'antenne isotrope ou celui du dipôle de mi-onde.

Le diagramme de rayonnement montre, dans le plan vertical traversant le lobe principal et dans le plan horizontal (antenne vue de dessus), la forme des différents lobes.

2.5 La puissance d'émission

La puissance rayonnée (puissance émise par l'antenne) est exprimée en dBm:Puissance rayonnée (dBm) = puissance émise (dBm) - perte dans le câble (dB) + gain de l'antenne (dBi).

2.6 La polarisation

La polarisation d'une onde électromagnétique est décrite par l'orientation de son champ électrique. Si celui-ci est parallèle à la surface de la terre, la polarisation est linéaire horizontale, s'il est perpendiculaire à la surface de la terre la polarisation est linéaire verticale, s'il tourne, la polarisation est circulaire.

Pour une bonne qualité de transmission, il faut que l'antenne de réception soit polarisée de la même façon que l'antenne d'émission.

On désigne par PLF (Polarization Loss Factor) la perte de signal en dB dû au non alignement de polarisation. Voyons quelques valeurs chiffrées :

α	Perte en dB	α	Perte en dB
0°	0	50°	3,8
5°	0,03	60°	6
10°	0,13	70°	9,3
20°	0,54	80°	15,2
30°	1,25	85°	21,1
45°	3	90°	théoriquement infinie

$$\text{PLF }_{dB} = 10 \text{ Log } (\cos^2 \alpha)$$

α représente l'écart angulaire de polarisation entre un signal et l'antenne que ce soit en émission ou réception.

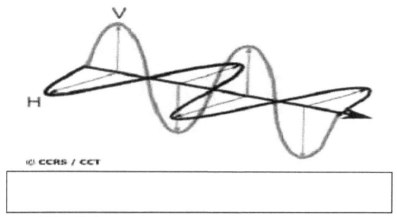

(c) CCRS / CCT

2.7 La réflexion

Lorsqu'une onde radio rencontre un obstacle, tout ou une partie de l'onde est réfléchie. Il en résulte une perte de puissance plus ou moins grande. La réflexion est telle que l'angle d'incidence est égal à l'angle de réflexion. À la réception on reçoit alors en même temps l'onde directe et les ondes réfléchies. Cela provoque des annulations à certaines fréquences mais aussi un décalage de temps entre les différentes composantes reçues. La conséquence sur le système est néfaste et fait décroître les performances (erreurs de transmission). Pour réduire cet effet le récepteur est généralement doté d'un égaliseur qui contrebalance ces défauts. Celui-ci a cependant une capacité limitée et les constructeurs donnent des valeurs limites d'étalement de temps pour un taux minimum d'erreur donné et en fonction du débit des données.

2.8 La zone de Fresnel

La plus grande partie de l'énergie radio transmise entre un émetteur et un récepteur se trouve dans une zone ellipsoïdale virtuelle (forme d'un ballon de rugby) reliant les deux points et dans laquelle le moins d'obstacles possibles doivent se trouver. Le calcul de cette zone de Fresnel doit tenir compte de la courbure de la surface de la terre, et permet d'obtenir la hauteur des mâts nécessaires à l'installation.

III. LES CARACTERISTIQUES DE LA TECHNOLOGIE WiMAX

1. Bande de fréquence, portée et débit

La fréquence utilisée porte actuellement sur la portion 2-11 GHz, même si le WiMAX s'intéresse à toutes les bandes de fréquences entre 2 et 66 GHz. Pour le WiMAX fixe (802.16d ou 802.16-2004), la plage de fréquences est comprise entre 2 et 11Ghz. Pour le WiMAX mobile (802.16e) la plage de fréquence est comprise entre 2 et 6 GHz.

En théorie, le WiMAX est capable sur un rayon d'environ 50 km d'émettre avec un débit allant jusqu'à 70Mb/s.

En pratique on constate actuellement un débit réel de 12 Mbit/s sur 20 km. Pour ce qui est du WiMAX mobile, le débit théorique est d'environ 30Mb/s sur 3.5 km.

2. L'Architecture

2.1 Point à point

Dans ce type d'architecture, on a un noeud principal communiquant avec un noeud secondaire au travers d'un lien dédié à cette communication. Dans le cas du WiMAX l'architecture point à point est utilisée pour relier la station de base relais à la station de base principale.

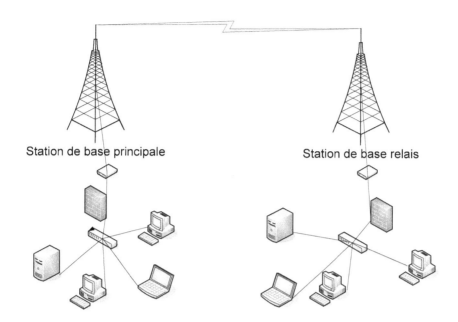

Station de base principale   Station de base relais

Figure8 : Schéma représentatif de l'architecture point à point

2.2 Point à multipoint

Le WiMAX permet de mettre en place une liaison point à multipoint : à partir d'une antenne centrale on assure la desserte de multiples terminaux. Ainsi l'antenne de la BTS (AU) est chargée de communiquer avec les antennes réceptrices (subscribers antennas).

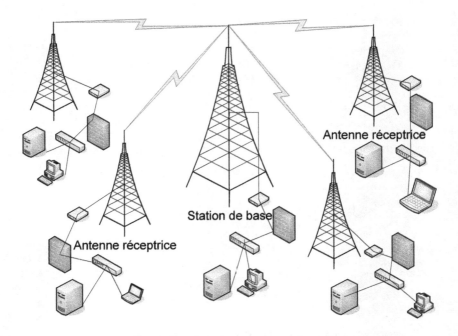

Figure9 : Schéma représentatif de l'architecture point à multipoints

2.3 L'architecture MIMO

En plus de sa structure point à multipoint, le WiMAX peut également réaliser un réseau maillé, en utilisant les techniques MIMO (Multiple Input Multiple Output). Le système multiples entrées multiples sorties, consiste en l'utilisation de plusieurs antennes en émission et en réception pour bénéficier au maximum de la diversité d'espace (antennes) et de temps (multi-trajets). Les signaux au niveau des antennes émettrices d'une part et des antennes réceptrices d'autres part, sont combinés de telle façon à augmenter le débit ou la qualité (BER : Bit Error Rate) d'un utilisateur MIMO. Un tel avantage peut être utilisé pour augmenter la qualité de service du réseau. Ainsi, MIMO est considérée aujourd'hui comme une technologie d'accès prometteuse pour la prochaine norme de communication radio mobile. L'utilisation des techniques MIMO, devrait permettre au WiMAX d'accroître considérablement ses portées et ses débits.

3. Le protocole de modulation et de multiplexage (OFDM)

Le WiMAX recourt au protocole multiplexage OFDM (Orthogonal Frequency Division Multiplexage ou multiplexage par répartition en fréquence sur des porteuses orthogonales modulées indépendamment). Son principe est de répartir l'information sur un grand nombre de porteuses, créant ainsi des sous canaux étroits et non sélectifs, assurant une meilleure efficacité à la transmission. Cela permet au WiMAX d'atteindre un rendement spectral (soit la quantité de données transmises par Hertz) deux fois supérieures à celui du Wi-FI.

Le principe de l'OFDM consiste à diviser sur un grand nombre de porteuses le signal numérique que l'on veut transmettre. Comme si l'on combinait le signal à transmettre sur un grand nombre de systèmes de transmission (exemple: des émetteurs) indépendants et à des fréquences différentes. Pour que les fréquences des porteuses soient les plus proches possibles et ainsi transmettre le maximum d'informations sur une portion de fréquences donnée, l'OFDM utilise des porteuses orthogonales entre elles. Les signaux des différentes porteuses se chevauchent mais grâce à l'orthogonalité n'interfèrent pas entre elles. Le signal à transmettre est généralement répété sur différentes fréquences porteuses. Ainsi dans un canal de transmission avec des chemins multiples où certaines fréquences seront détruites à cause de la combinaison destructive de chemins, le système sera tout de même capable de récupérer l'information perdue sur d'autres fréquences porteuses qui n'auront pas été détruites.

IV. DEVELLOPEMENT ET DEPLOIEMENT

Etant donné que le WiMAX est une nouvelle technologie, ses équipements et son déploiement restent encore chers. Mais cette tendance ne durera pas longtemps car d'ici peu, la production en masse des équipements WiMAX va entraîner la chute des coûts des équipements. Selon les analystes, les clés du développement du WiMAX tiennent dans la chute des coûts des équipements et ils estiment que la réduction prévisionnelle des coûts et l'amélioration de l'interopérabilité des produits WiMAX vont accélérer le déploiement du WiMAX.

On prévoit également que le WiMAX va permettre aux opérateurs de services Internet de réduire leurs dépenses et que le coût des équipements par utilisateur va s'améliorer en même temps que le WiMAX va s'imposer comme une technologie embarquée dans les ordinateurs portables et les ordinateurs de poche.

V.   LES SERVICES OFFERTS PAR LA TECHNOLOGIE WiMAX

1. Le Triple play (voix, données, vidéo)

Le triple play est aujourd'hui défini par la fourniture d'accès Internet haut débit, de la téléphonie fixe par IP et de la télévision par IP, par un même fournisseur qui regroupe le tout sous une même offre, sous un même package. Cela nécessite une bonne qualité de service. Le standard WiMAX intègre cette notion de Qualité de Service (souvent notée QoS pour Quality of Service), c'est-à-dire la capacité à garantir le fonctionnement d'un service à un utilisateur. Dans la pratique, le WiMAX permet de réserver une bande passante pour un usage donné. En effet, certains usages ne peuvent tolérer de goulots d'étranglement. C'est le cas notamment de la voix sur IP (VoIP) car la communication orale ne peut tolérer de coupures de l'ordre de la seconde.

2. Le quadruple play

Le quadruple play est du triple play auquel on a rajouté un élément : la téléphonie mobile. La norme IEEE 802.16^e intègre la possibilité de connecter des clients mobiles au réseau Internet. Le WiMAX mobile ouvre ainsi la voie à la téléphonie mobile sur IP ou plus largement à des services mobiles haut débit.

3. La couverture des Hot zones

Du fait de l'absence de travaux de génie civil, le WiMAX est adapté pour les couvertures classiques de hot zones : zones d'activités économiques, parcs touristiques... ;

4. Le déploiement temporaire

La facilité et la rapidité d'installation et de désinstallation fait également du WiMAX une technologie adaptée aux déploiements temporaires. Ainsi il pourrait être déployé sur les chantiers, festivals, infrastructures de secours sur une catastrophe naturelle ;

5. La Couverture des zones rurales ou interdites de travaux de génie civil

La technologie WiMAX permet de desservir en haut débit les habitants et entreprises d'un territoire de quelques dizaines de kilomètres carrés sans avoir à réaliser de travaux de génie civil (hormis les éventuels travaux nécessaires à la connexion de l'émetteur au réseau de collecte). Un des usages possibles du WiMAX consiste à couvrir la zone dite du « dernier kilomètre » (en anglais « last mile »), c'est-à-dire fournir un accès à Internet haut débit aux zones non couvertes par les technologies filaires classiques. Il s'agit donc d'une technologie adaptée aux situations suivantes :

▸ Zones peu denses, mal desservies en réseaux filaires ;

▸ Zones où des travaux de génie civil seraient très coûteux (milieu urbain).

6. Le handover ou itinérance

Le handover est un mécanisme fondamental dans la téléphonie mobile. Il représente l'ensemble des opérations mises en œuvre permettant qu'une station mobile puisse changer de cellule sans interruption de service. La norme IEEE 802.16f du WiMAX, accepte les terminaux mobiles pour un déplacement de l'ordre de 120 Km/h, avec passage entre les bornes relais permettant le maintien des sessions.

VI. LA SECURITE DES DONNEES DANS UN ENVIRONNEMENT WiMAX

1. Le filtrage MAC

Chaque adaptateur réseau possède une adresse physique qui lui est propre (appelée adresse MAC). Cette adresse est représentée par 12 chiffres hexadécimaux groupés par paires et séparés par des tirets. Les points d'accès permettent généralement dans leur interface de configuration de gérer une liste de droits d'accès (ACL – Access Control List) basée sur les adresses MAC des équipements autorisés à se connecter au réseau sans fil. Cette précaution un peu contraignante permet de limiter l'accès au réseau à un certain nombre de machines.

Ainsi, il est possible de définir une liste d'adresses MAC correspondant à celles des stations pouvant ou non se raccorder au point d'accès. Au niveau du WiMAX chaque station autorisée à se connecter au réseau doit au préalable être définie avec son adresse MAC au niveau de la station de base.

Ceci est un premier niveau d'authentification et de filtrage, mais cela ne résout pas le problème de la confidentialité des échanges. Il faut donc lui associer d'autres politiques de sécurité.

2. Le Pare-feu

Le Pare-feu ou Firewall est une barrière de sécurité matérielle ou logicielle qui protège les ressources d'un réseau informatique local des intrusions venant de réseaux externes. Le pare-feu, généralement constitué d'un matériel dédié et indépendant des autres équipements informatiques, est situé sur la passerelle du réseau local avec l'extérieur. Il filtre les paquets de données qui transitent via cette passerelle, et décide de les laisser passer ou non, en fonction des règles de contrôle et d'authentification que son administrateur lui a demandé de respecter pour assurer la sécurité. C'est le pare-feu qui le premier va contrôler les utilisateurs d'un réseau distant, avant de donner la main à l'application concernée (qui peut elle aussi mettre en œuvre des mécanismes de sécurité qui lui sont propres).

Le filtrage se fait selon divers critères. Les plus courants sont :

- l'origine ou la destination des paquets (adresse IP, ports TCP ou UDP, interface réseau, etc.) ;
- les options contenues dans les données (fragmentation, validité, etc.) ;
- les données elles-mêmes (taille, correspondance à un motif, etc.) ;
- les utilisateurs pour les plus récents.

L'installation d'un pare-feu dans un environnement WiMAX au niveau des points d'accès permet de déployer des fonctions d'identification et d'authentification afin d'accroître la sécurité.

3. L'authentification

L'authentification est la procédure qui consiste, pour un système informatique, à vérifier l'identité d'une entité (personne, machine...), afin d'autoriser l'accès de cette entité à des ressources (systèmes, réseaux, applications...). L'authentification permet donc de valider l'authenticité de l'entité en question. Elle peut inclure une phase d'identification, au cours de laquelle l'entité indique son identité.

Dans le cas d'un utilisateur, elle consiste, en général, à vérifier que celui-ci possède une preuve de son identité ou de son statut, sous l'une des formes (éventuellement combinées) suivantes :

- Ce qu'il sait (mot de passe, code PIN) ;
- Ce qu'il possède (carte à puce, certificat électronique) ;
- Ce qu'il est (caractéristique physique, voir biométrique) ;
- Ce qu'il sait faire (geste, signature).

Vu l'importance de l'authentification surtout dans un réseau sans fil où le support de transmission est facilement accessible, le choix d'un bon protocole d'authentification s'impose. C'est ce qui explique l'utilisation de l'EAP (Extensible Authentification Protocol) comme protocole d'authentification par le WiMAX.

Le protocole EAP permet d'utiliser différentes méthodes d'identification et son principe de fonctionnement rend très souple l'utilisation de différents systèmes d'authentification.

EAP possède plusieurs méthodes d'authentification, dont les plus connues sont :

- EAP-MD5 (EAP-Message Digest 5) ;
- EAP-PEAP (EAP-Protected Extensible Authentication Protocol, Protected) avec deux versions certifiées WPA et WPA2 (Wi-Fi Protected Access);
- EAP-TLS (EAP-Transport Layer Security) utilisé par la norme WiMAX ;
- EAP-TTLS (EAP-Tunneled Transport Layer Security).

EAP-TLS est un Standard ouvert IETF ((Internet Engenering Task Force) groupe informel, international, ouvert à tout individu, qui participe à l'élaboration de standards pour Internet.).

Il offre une bonne sécurité. En effet il utilise deux certificats pour la création d'un tunnel sécurisé qui permettra ensuite l'identification : un côté serveur et un côté client. Cela signifie que même si le mot de passe est découvert, il ne sera d'aucune utilité sans le certificat client.

TLS est considéré comme le successeur du standard SSL (Secure Socket Layer).Il utilise une PKI (Public Key Infrastructure : infrastructure à clés publiques pour l'enregistrement des utilisateurs, la génération de certificats, la révocation de certificats, la publication des certificats valides et révoqués, l'identification et l'authentification des utilisateurs, ainsi que l'archivage des certificats.) pour sécuriser les communications d'identification entre les clients et le serveur RADIUS (Remote Authentification Dial-In User Service est un protocole client serveur permettant de centraliser des données d'authentification).

Ainsi EAP-TLS fournit une excellente sécurité, même s'il peut être difficile et coûteux de gérer un certificat par machine lorsque l'on dispose d'un grand parc de machines. Mais cela s'avère indispensable quand on recherche une excellente sécurité dans un réseau WiMAX.

4. L'algorithme de chiffrement AES

Le chiffrement est une opération par laquelle un message en clair est transformé en un message codé inintelligible pour tout intercepteur qui ne dispose pas du code. Cette technique s'appuie sur un jeu de clés pour permettre le chiffrement et le déchiffrement d'informations. Sur Internet, il est notamment utilisé pour protéger les e-mails, les données relatives aux transactions bancaires et les informations d'entreprises.

Un système de chiffrement est dit :

- symétrique quand il utilise la même clé pour chiffrer et déchiffrer ;
- asymétrique quand il utilise des clés différentes : une paire composée d'une clé publique, servant à chiffrer les données, et d'une clé privée, servant à les déchiffrer.

Le WiMAX utilise l'algorithme de chiffrement symétrique AES (Advanced Encryption Standard).

Cet algorithme suit les spécifications suivantes :

- l'AES est un standard, donc libre d'utilisation, sans restriction d'usage ni de brevet ;
- c'est un algorithme de type symétrique ;
- c'est un algorithme de chiffrement par blocs;
- il supporte différentes combinaisons [longueur de clé]-[longueur de bloc] : 128-128, 192-128 et 256-128 bits.

Cet algorithme prend en entrée un bloc de 128 bits (16 octets), la clé fait 128, 192 ou 256 bits. Les 16 octets en entrée sont permutés selon une table définie au préalable. Ces octets sont ensuite placés dans une matrice de 4x4 éléments et ses lignes subissent une rotation vers la droite. L'incrément pour la rotation varie selon le numéro de la ligne. Une transformation linéaire est ensuite appliquée sur la matrice. Elle consiste en la multiplication binaire de chaque élément de la matrice avec des polynômes issus d'une matrice auxiliaire. Cette multiplication est soumise à des règles spéciales selon GF (2^8) (groupe de Galois ou corps fini). La transformation linéaire garantit une meilleure diffusion (propagation des bits dans la structure) sur plusieurs tours.

Finalement, un XOR entre la matrice et une autre matrice permet d'obtenir une matrice intermédiaire. Ces différentes opérations sont répétées plusieurs fois et définissent un « tour ». Pour une clé de 128, 192 ou 256, AES nécessite respectivement 10, 12 ou 14 tours.

Le choix de cet algorithme répond à de nombreux critères plus généraux dont nous pouvons citer les suivants :

- sécurité ou l'effort requis pour une éventuelle cryptanalyse ;
- facilité de calcul : cela entraîne une grande rapidité de traitement ;
- besoins en ressources et mémoire très faibles ;
- flexibilité d'implémentation: cela inclut une grande variété de plateformes et d'applications ainsi que des tailles de clés et de blocs supplémentaires ;
- hardware et software : il est possible d'implémenter l'AES aussi bien sous forme logicielle que matérielle (câblé) ;
- simplicité : le design de l'AES est relativement simple

Si l'on se réfère à ces critères, on voit que l'AES est également un candidat particulièrement approprié pour les implémentations embarquées qui suivent des règles beaucoup plus strictes en matière de ressources, puissance de calcul, taille mémoire.

L'AES n'a pas été cassé pour l'instant et la recherche exhaustive (« brute force ») demeure la seule solution. L'attaque par force brute est une méthode qui consiste à tester, une à une, toutes les combinaisons possibles de clés. Cette méthode de recherche exhaustive ne marche que dans les cas où le mot de passe cherché est constitué de peu de caractères.

Pour contrer cette attaque, il suffit simplement de choisir des mots de passe d'une longueur conséquente ou des clés suffisamment grandes. Ainsi, l'attaquant devra attendre quelques années avant de trouver le bon mot de passe.

Les algorithmes de chiffrement cassés					
Année d'apparition	Nom	Type	Taille	Année de cassage	Par qui ?
1974	Rivest, Shamir and Adleman (RSA-140)	Chiffrement	140 bits	1999	Une équipe internationale de chercheurs et la puissance de calcul du SARA Amsterdam Academic Computer Center
1974	Rivest, Shamir and Adleman (RSA-155)	Chiffrement	155 bits	1999	Une équipe internationale de chercheurs
1974	Rivest, Shamir and Adleman (RSA-160)	Chiffrement	160 bits	2002	Une équipe internationale de chercheurs du BSI
1974	Rivest, Shamir and Adleman (RSA-576)	Chiffrement	560 bits	2003	Une équipe internationale de chercheurs
1976	Data Encryption Standard (DES)	Chiffrement	55 bits	1997	Utilisateurs d'Internet sous la bannière de Distributed.net et Electronic Frontier Foundation
1985	Elliptic Curve Cryptography	Chiffrement	79 bits	1997	Inconnu

	(ECC-79)				
1985	Elliptic Curve Cryptography (ECC-89)	Chiffrement	89 bits	1998	Inconnu
1985	Elliptic Curve Cryptography (ECC-97)	Chiffrement	97 bits	1999	Inconnu
1985	Elliptic Curve Cryptography (ECC-109)	Chiffrement	109 bits	2002	Utilisateurs d'Internet sous la bannière d'Ecc2.com
1987	Rivest Cipher 4 (RC4)	Chiffrement	40 bits	1995	Adam Back, Eric Young et David Byers
1990	Message Digest Algorithm (MD4)	Hachage	128 bits	1996	Hans Dobbertin
1991	Message Digest Algorithm (MD5)	Hachage	128 bits	2004	Xiaoyun Wang
1993	Secure Hash Algorithm (SHA-0)	Hachage	160 bits	2004	Antoine Joux, la DCSSI et de l'Université de Versailles-Saint-Quentin
1994	Rivest Cipher 5 (RC5-56)	Chiffrement	56 bits	1997	Utilisateurs d'Internet sous la bannière de Distributed.net
1994	Rivest Cipher (RC5-64)	Chiffrement	64 bits	2002	Utilisateurs d'Internet sous la bannière de Distributed.net
1997	CS Cipher	Chiffrement	56	2000	Utilisateurs d'Internet sous

	(CSC-56)		bits		la bannière de Distributed.net
1974	Rivest, Shamir and Adleman (RSA-640)	Chiffrement	640 bits	-	Pas encore cassé. RSA Labs offre 20000 dollars à celui qui le cassera.
1974	Rivest, Shamir and Adleman (RSA-704)	Chiffrement	704 bits	-	Pas encore cassé. RSA Labs offre 30000 dollars à celui qui le cassera.
1974	Rivest, Shamir and Adleman (RSA-768)	Chiffrement	768 bits	-	Pas encore cassé. RSA Labs offre 50000 dollars à celui qui le cassera.
1974	Rivest, Shamir and Adleman (RSA-896)	Chiffrement	896 bits	-	Pas encore cassé. RSA Labs offre 75000 dollars à celui qui le cassera.
1974	Rivest, Shamir and Adleman (RSA-1024)	Chiffrement	1024 bits	-	Pas encore cassé. RSA Labs offre 100000 dollars à celui qui le cassera.
1974	Rivest, Shamir and Adleman (RSA-1536)	Chiffrement	1536 bits	-	Pas encore cassé. RSA Labs offre 150000 dollars à celui qui le cassera.
1974	Rivest, Shamir and Adleman (RSA-2048)	Chiffrement	2048 bits	-	Pas encore cassé. RSA Labs offre 200000 dollars à celui qui le cassera.
1977	Data	Chiffrement	192	-	Pas encore cassé

			bits		
1985	Elliptic Curve Cryptography (ECC-131)	Chiffrement	131 bits	-	Pas encore cassé
1985	Elliptic Curve Cryptography (ECC-163)	Chiffrement	163 bits	-	Pas encore cassé
1985	Elliptic Curve Cryptography (ECC-191)	Chiffrement	191 bits	-	Pas encore cassé
1985	Elliptic Curve Cryptography (ECC-239)	Chiffrement	239 bits	-	Pas encore cassé
1985	Elliptic Curve Cryptography (ECC-359)	Chiffrement	359 bits	-	Pas encore cassé
1994	Rivest Cipher 5 (RC5-72)	Chiffrement	72 bits	-	Pas encore cassé. Durée estimée de cassage au 01/10/2004 : 800 ans. Rejoignez notre équipe de casssage de la clé RC5-72
1995	Secure Hash Algorithm (SHA-1)	Hachage	160 bits	-	Pas encore cassé
1995	Secure Hash Algorithm (SHA-224)	Hachage	224 bits	-	Pas encore cassé
1995	Secure Hash Algorithm	Hachage	256 bits	-	Pas encore cassé

	(SHA-256)				
1995	Secure Hash Algorithm (SHA-384)	Hachage	384 bits	-	Pas encore cassé
1995	Secure Hash Algorithm (SHA-512)	Hachage	512 bits	-	Pas encore cassé
1999	AES (AES-128)	Chiffrement	128 bits	-	Pas encore cassé
1999	AES (AES-192)	Chiffrement	192 bits	-	Pas encore cassé
1999	AES (AES-256)	Chiffrement	256 bits	-	Pas encore cassé

VII. LES AVANTAGES ET LES INCONVENIENTS DE LA TECHNOLOGIE WiMAX

1. Les avantages

1.1 Mobilité et interopérabilité

Sur le plan des usages, outre l'accès à Internet haut débit classique à domicile ou en entreprise, le WiMAX permet d'ouvrir de nouvelles perspectives en matière de services Internet, en offrant un accès à haut débit ambiant. Le WiMAX devient donc un nouveau moyen d'accès au haut débit nomade (connexion avec un même abonnement depuis différents lieux), et un moyen d'accès au haut débit mobile (connexion pendant que l'on se déplace) avec sa norme IEEE 802.16e.

La notion d'itinérance (possible grâce au 802.16f) vient de surcroît accroître le champ de mobilité du WiMAX. Ce qui permet aux terminaux de passer d'une cellule à une autre sans interruption de service, offrant ainsi la possibilité de faire de la téléphonie mobile avec du WiMAX.

Quant à l'interopérabilité elle est à mettre à l'actif du forum WiMAX qui en fait l'un de ses premiers objectifs. Ce forum non seulement à promouvoir un standard d'accès radio interopérable pour les réseaux métropolitains sans fil, mais aussi à faciliter la certification et la compatibilité des équipements WiMAX.

1.2 Facilité de déploiement

Comparativement à l'installation d'un réseau filaire, la mise en place d'un réseau sans fil WiMAX, parait relativement simple.

En effet, la partie câblage qui représente un aspect rebutant n'est plus prise en considération, ce qui permet un gain de temps évident. Le manque de travaux de génie civil lors de l'installation fait du WIMAX une technologie facile à déployer, contrairement au réseau câblé.

1.3 Connexion haut débit, permanente, sécurisée et large bande passante

Contrairement au Wi-Fi qui partage la connexion entre tous les utilisateurs, le WiMAX permet d'allouer une bande passante à chaque utilisateur en fonction de ses besoins. Ainsi, il n'y aura pas de délai de latence. Si un utilisateur souhaite faire de la voix sur IP ou de la vidéo avec une excellente qualité, il lui sera attribué une plus haute priorité afin que la transmission soit la plus fluide possible.

Le WiMAX constitue ainsi un support fiable pour les connexions haut débit du fait de sa sécurité ainsi que de ses caractéristiques de rapidité de transmission bilatérale, d'accès sans discontinuité ni de latence (échanges vidéos et vocaux) et de stabilité des débits.

1.4 Facilité de maintenance et d'administration

La maintenance des réseaux filaires est difficile à cause du nombre important de câbles qui arrivent aux répartiteurs malgré les techniques de multiplexage mise en œuvre. Dans le domaine de la maintenance des équipements d'interconnexion au niveau du WiMAX, elle est facile car elle ne concerne que la station de base qui dessert des centaines d'abonnées. L'administration est centralisée, possibilité de paramétrer et de dépanner à distance grâce au logiciel de gestion des antennes.

1.5 Adaptation au déploiement temporaire

Du fait que la technologie WiMAX soit adaptée au déploiement temporaire constitue un avantage non négligeable. Il pourrait ainsi servir pour l'installation de réseaux temporaires.

1.6 Connexion NLOS (No Line Of Sight)

Le WiMAX peut assurer une transmission sans ligne de vue ou NLOS (c'est-à-dire même lorsque des obstacles tels que des arbres se trouvent entre l'émetteur et le récepteur) dans la bande de fréquence 2-11 GHZ, mais cela a généralement pour effet de réduire notablement la portée. Cela est rendu possible notamment grâce à l'utilisation de la modulation OFDM. Même si cela dépend du type d'obstacle situé entre ces antennes cette qualité n'est pas à négliger.

1.7 Large zone de couverture

Contrairement au Wi-Fi destiné à l'origine à la mise en place de réseaux locaux, le WiMAX est conçu dès le départ dans un esprit de couverture de surfaces importantes (rayon de plusieurs kilomètres de couverture autour de l'émetteur).

L'objectif du WiMAX est de fournir une connexion haut débit sur une zone de couverture de plusieurs kilomètres de rayon. Ainsi, dans la théorie, le WiMAX permet d'obtenir des débits montants et descendants de 70 Mbit/s avec une portée de 50 kilomètres.

2. Les inconvénients

2.1 Faible tolérance aux perturbations en milieu urbain

Comme toute technologie sans fil le WiMAX est sensible aux perturbations en milieu urbain. Du fait de la présence de nombreux immeubles très haut cela a pour conséquence de réduire la portée des signaux émis par les antennes. La portée se trouve ainsi réduit d'où la nécessité de disposer de plusieurs antennes relais.

2.2 Impacts sur la santé des riverains

De nombreuses études sont actuellement menées pour vérifier les impacts qu'auraient les ondes électromagnétiques émises en permanence par les antennes sur la santé des riverains.

Des interférences entre les ondes cérébrales et les ondes extérieures et une exposition à faible dose pendant une longue période pourraient produire des effets néfastes sur la santé.

2.3 Nécessité de disposer d'une licence

L'exploitation du WiMAX nécessitera une licence d'exploitation. Ces licences seront attribuées aux opérateurs et collectivités locales qui seront donc responsables du déploiement du WiMAX.

2.4 Nécessité de disposer d'un point haut

Afin d'assurer la meilleure couverture possible, l'émetteur doit être placé sur un point haut. Les points hauts constituent une ressource rare, dans la mesure où leur nombre est limité.

2.5 Réfraction   -

La réfraction est la déviation d'une onde lorsque celle-ci change de milieu. La déviation s'opère juste en un point que l'on appelle point d'incidence. Ce point appartient à la surface qui sépare les deux milieux.

Comme un rayon lumineux est dévié lorsqu'il passe d'un milieu d'indice de réfraction n_1 à un autre d'indice n_2, une onde radio peut subir un changement de direction dépendant à la fois de sa fréquence et de la variation de l'indice de réfraction.

2.6 Diffraction

Quand un obstacle se trouve entre l'émetteur et le récepteur, une partie de l'énergie arrivera toujours à passer. Ceci grâce au phénomène de diffraction sur le sommet de l'obstacle. Plus la fréquence est haute plus la perte d'énergie va être grande. Ainsi pour des fréquences élevées on pourrait perdre quelques signaux à cause du phénomène de diffraction.

VIII.   CAS PRATIQUE

1. Présentation de la SONAPOST

La Société Nationale des Postes du Burkina (SONAPOST) est une société étatique dont le siège est situé à Ouagadougou. Elle œuvre dans le domaine du courrier (colis postal, boîte postale, courrier officiel et d'entreprise, post'Eclair.), des finances (mandat, épargne, chèque postaux, western union.), et des nouvelles technologies (cyberpostes, cyberkiosques.). La nécessité d'intégrer ces services aux nouvelles technologies de l'information et de la communication oblige aujourd'hui la SONAPOST à entreprendre un vaste programme d'amélioration de ses installations informatiques.

2. Etude de terrain

2.1 Situation géographique des sites à interconnecter

Le réseau de la SONAPOST Ouagadougou se subdivise en plusieurs réseaux Ethernet locaux se trouvant chacun au sein d'un site connecté de la société. La SONAPOST dispose ainsi de plusieurs sites interconnectés qui sont :

- le siège situé à Ouagadougou ;
- le site Ouaga Nemnin situé à environ 3 km du siège ;
- le site Ouaga Dassasgho situé à environ 4.5 km du siège ;
- le site Ouaga Goungnin situé à environ 5 km du siège ;
- le site Ouaga 1200 Logements situé à environ 3.5 km du siège.

La SONAPOST possède également des sites en dehors de Ouagadougou (Banfora, Bobo-dioulasso, Ouahigouya, koudougou, Fada N'Gourma, Tenkodogo).

Les sites de Bobo-Dioulasso, Banfora, Ouaga Nemnin et Ouaga Dassasgho sont connectés à Internet par des liaisons spécialisées de 256 kbits/s pour Bobo, 64 kbits/s pour Banfora et Ouaga Dassasgho et 128 kbits/s pour Ouaga Nemnin. Pour que ces sites puissent accéder au réseau interne de la SONAPOST, un réseau VPN a été mis en place. Les autres sites à savoir Ouaga Gounghin, Ouaga 1200 Logements, Koudougou, Ouahigouya, Tenkodogo et Fada N'Gourma sont connectés au siège via des liaisons spécialisées de 64 Kbits/s.

Notre étude sera basée sur l'interconnexion des sites situés dans la région de Ouagadougou.

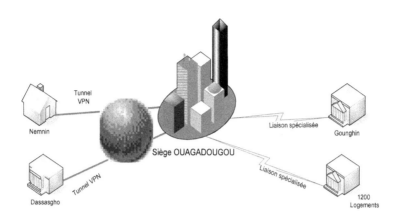

Figure10 : Représentation géographique des sites de la SONAPOST situés à Ouagadougou

2.2 Architecture du réseau actuel de la SONAPOST

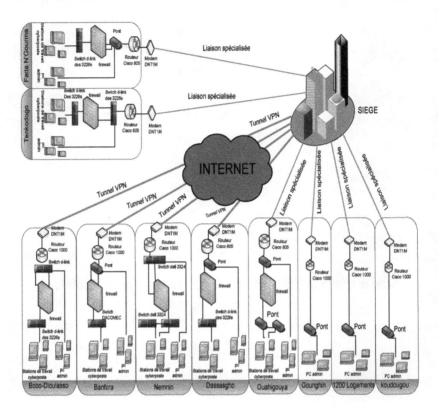

Figure11 : Architecture du réseau actuel de la SONAPOST

2.3 Les équipements nécessaires à l'interconnexion

Caractéristiques des équipements WaveIP

WaveIP — GigAccess Wireless Solutions

GigAccess OFDM 5.8 — Next generation Broadband Wireless Access

Radio

Radio Frequency	5725 – 5850 MHz
Channel Size	20MHz
Modulation	BPSK, QPSK, 16QAM
Waveform	OFDM
Access Technology	Time Division Multiplexing (TDM) / Time Division Multiple Access (TDMA)
Wireless Mac Interface	IEEE 802.16
Receiver Sensitivity	-73 dB @ 30Mbps
Regulatory	FCC

Base Station – Access Unit

Net Throughput	Up to 30 Mbps per sector
Sectors (degrees)	45° to 390°
Subscribers per sector	250
Physical Interface	2 X 10/100 Base-T (ODU)
Connector Type	RJ – 45
Output Power	26 dBm
Operating Temperature	-20°c to 55°c
Operating Humidity	5% to 95% non condensing (Rainproof)
Power	48VDC, < 10Watt
Mechanical	7" X 7" X 2" (detached antenna)

Networking and Management

Protocols Supported	IP, TCP, UDP, ICMP, ARP, HTTP, VLAN (802.1Q), PPPoE, Radius, H323, SIP, MGCP, L2TP, PPP
Packet Classification	Wire-speed Layer 2, 3 & 4
Management Architecture	Distributed NMS
	• Automatic load balancing and fault tolerance
	• Self Discovery
	• Alarms and status indications
	• Full FCAPS implementation
Triple Play support	Automatic packet classification and prioritization. Guaranteed latency and jitter for real-time applications (Voice, Video, etc.)
QoS Services (SLAs)	Best Effort (BE), CIR, CBR, CBR AD, Voice, Multicast
QoS Criteria	Bandwidth (uplink/downlink), Latency, Jitter
Accounting	Per Subscriber, Per service
Software update	Over the air remote download

HPU / CPU

	CPU	PSU
Net Throughput	30 Mbps / 5 Mbps	4 Mbps
Mounting	Bracket, Pole / Wall mount	Desktop Mount
Physical Interface	2 X 10 / 100 Base-T (ODU)	2 X 10/100 Base-T
Connector Type	RJ – 45	RJ – 45
Output Power	26 dBm	26 dBm
Operating Temperature	-20°c to 55°c	0°c to 50°c
Operating Humidity	5% to 95% non condensing (Rainproof)	5% to 95%
Power	48VDC, < 10Watt	3.3 VDC, < 5 Watt
Mechanical	12" X 12" X 2"	6.3" X 6.3" X 2"

> **Au niveau du siège**

MODEM	CÂBLE	ANTENNE	PYLÔNE	PARATONNERRE + BALISEUR NOCTURNE
4 Modems ou indoor WaveIP	4 Câbles STP catégorie 5e 60m de longueur	4 AU (Access Unit) WaveIP	Un pylône de 12m de hauteur	Un paratonnerre + un baliseur nocturne

Le pylône de 12 mètres sera placé sur un bâtiment de 26m de hauteur dont dispose la SONAPOST.

> **Au niveau des autres sites**

MODEM	CÂBLE	ANTENNE	MÂT
Modem ou indoor WaveIP	Câble STP catégorie 5e 20m de longueur	SU ou outdoor WaveIP	1 mât de 6m de longueur

A ce niveau les mats seront placés sur des bâtiments de hauteur 4.5m environ.

2.4 Configuration du réseau futur de la SONAPOST

2.4.1   Configuration au niveau de la station de base

> Déclaration du site (siège de la SONAPOST)

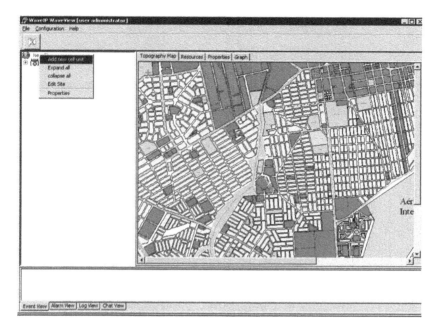

> ➢ Paramétrage du site

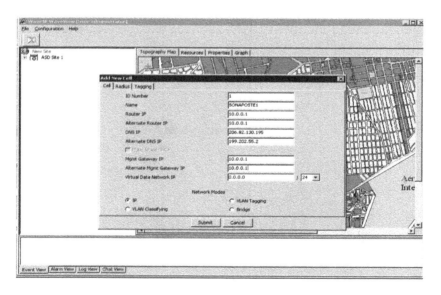

➤ Création, nomination et localisation de la station de base

❖ 1ère étape : Création

❖ 2ème étape : Nomination et localisation

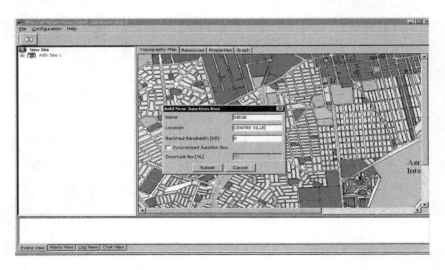

➢ Création de AU (Access Unit)

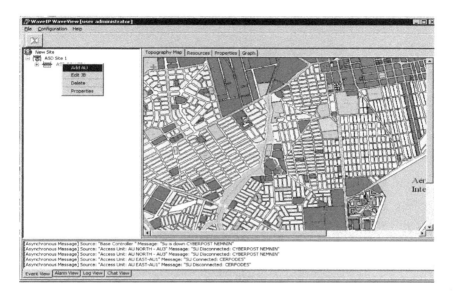

➢ Configuration du AU (exemple : AU Est de la station de base)

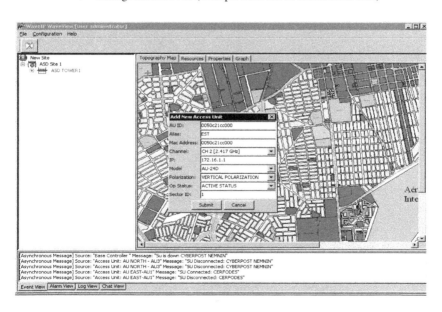

> Déclaration d'un SU (Subscriber Unit) (exemple : SU du AU Est)

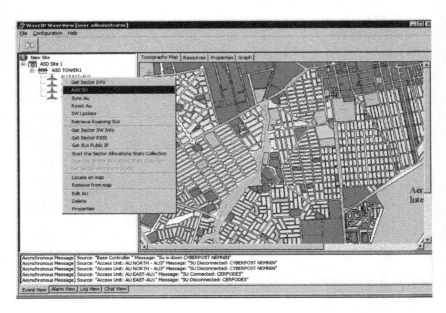

> Configuration du SU

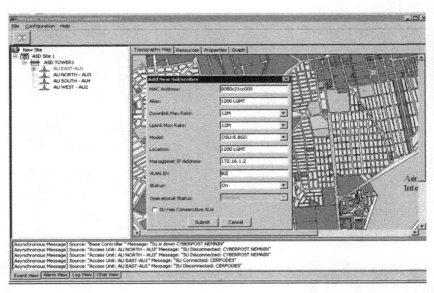

> ➢ Déclaration du débit et adressage du SU

> ❖ 1ᵉʳᵉ étape : Ouverture de la page de configuration

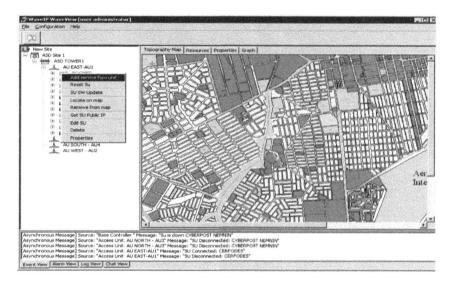

> ❖ 2ᵉᵐᵉ étape : déclaration du débit (SLA) et adressage

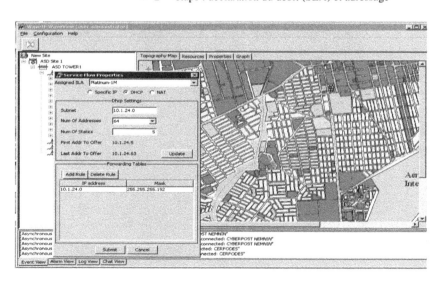

> Synchronisation de SU

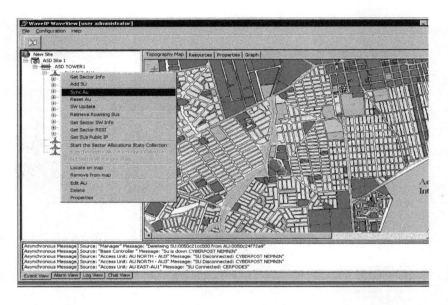

2.4.2 Configuration au niveau du client

> Sélection de l'adaptateur réseau

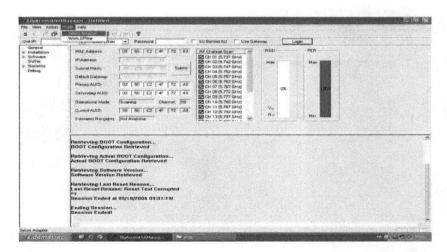

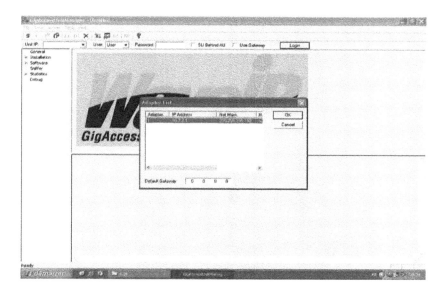

> Configuration des paramètres

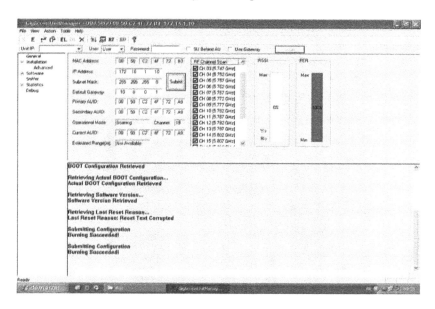

> Caractéristiques de l'antenne

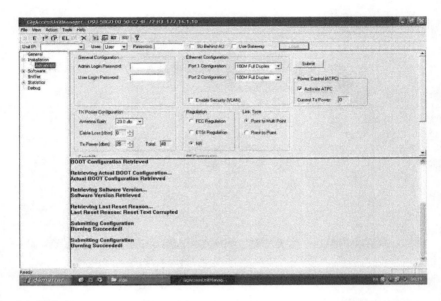

> Choix du canal

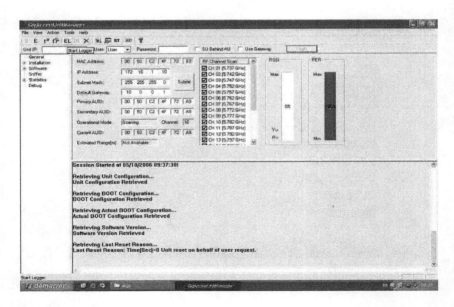

➢ Obtention du signal

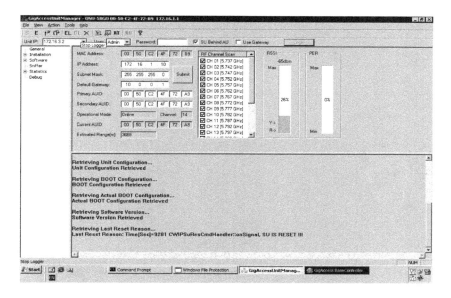

3. Proposition d'architecture

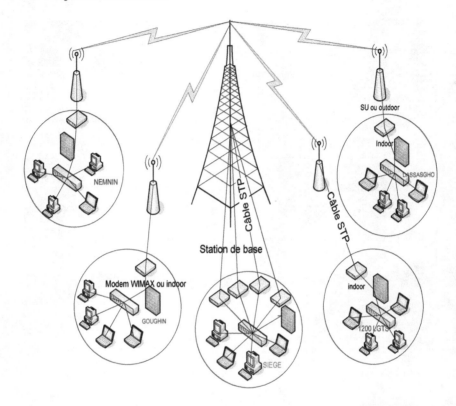

Figure12 : proposition de l'architecture future du réseau de la SONAPOST

4. Estimations des coûts

Equipements	Quantité	Prix unitaire (F.CFA)	Coût total (F.CFA)
AU + modem	4	4 575 340	18 301 360
SU + modem	4	875 000	3 500 000
Rouleau Câble STP cat. 5^e	1	135 000	135 000
Connecteurs RJ45 blindés	16	350	5 600
cabochons	16	150	2 400
Pylône (12m)	1	275 000	275 000
Mât (6m)	3	145 000	435 000
Paratonnerre	1	600 000	600 000
Baliseur nocturne	1	250 000	250 000
Installation et mise en oeuvre			1 200 000
Coût HTVA			**24 704 360**
TVA 18 %			**4 446 785**
Coût Total TTC			**29 151 145**

Le coût total de réalisation de l'interconnexion des sites de la SONAPOST situés à Ouagadougou s'élève à vingt neuf millions cent cinquante un mille cent quarante cinq franc CFA toute taxe comprise.

CONCLUSION

Le WiMAX acronyme de worldwide interoperability for microwave access est une technologie réseau sans fil haut débit qui a un avenir prometteur. En effet avec l'appui majeur du WiMAX forum, cette technologie s'impose clairement comme la future technologie de communication sans fil haut débit à grande échelle.

Le WiMAX sera d'un grand apport de couverture Internet haut débit pour les zones dites 'blanches' c'est-à-dire les zones non encore desservies par les technologies filaires (ADSL, LS). Le WiMAX est donc un espoir pour les pays pauvres comme le Burkina dans le déploiement des autoroutes de l'information.

L'interconnexion des sites de la SONAPOST avec cette technologie leur offrira la possibilité de disposer d'un réseau d'entreprise performant. Il appartient maintenant à cette société de procéder à l'installation d'un VSAT (Very Small Aperture Terminal) pour un accès au réseau Internet.
Cela leur permettra d'être totalement indépendant des opérateurs de télécommunications locaux et servira de même à l'interconnexion des sites au plan national.

L'étude du WiMAX dans le cadre de notre stage de fin de cycle fut pour nous une belle expérience et d'un apport capital dans la mesure où cela nous a permis de mieux comprendre le principe de fonctionnement de cette nouvelle technologie.

Nous ne saurons clore ce présent document sans remercier tous ceux qui d'une manière ou d'une autre, ont contribué à sa réalisation.

ANNEXE

BSI : Sigle qui signifie « British Standards Institute » est un organisme de normalisation ou de standardisation britannique.

Cisco : Marque de fabriquant d'équipements informatiques (routeurs pare-feu, modem, switchs, hubs,…).

Diaphonie : On nomme diaphonie (où parfois "bruit") l'interférence d'un signal avec un autre, en raison de phénomènes d'induction électromagnétique. Afin de diminuer cette diaphonie, les paires des câbles servant aux transmissions de données dans les réseaux informatiques utilisent en général des paires torsadées.

Fréquence de résonance : Intervalle de fréquences dans laquelle les signaux sont bien transmis.

Hydrologique : science de la terre qui concerne les propriétés de l'eau ou sa circulation naturelle à la surface de la terre. L'hydrologie de surface étudie le ruissellement, les phénomènes d'érosion ... L'hydrologie souterraine ou hydrogéologie porte sur les ressources du sous-sol.

Loi de gravitation : Un des éléments fondamentaux de la science physique, elle est responsable de la chute des corps sous l'effet de la gravité. Elle est a l'origine de l'attraction des corps ayant une masse par exemple les planètes ou les satellites.

MIB : *Management Information Base*, base d'information pour la gestion du réseau, est un ensemble d'informations structuré sur une entité réseau.

Progiciel : Le terme progiciel résulte de la contraction des mots produit et logiciel. C'est un logiciel commercial vendu par un éditeur sous forme d'un produit complet, plus ou moins « clé en mains ».

Système de transport spatial : Engin de l'espace (fusée, navette,…).

Std : Standard

BIBLIOGRAPHIE

Sites Internet

- http://www.commentçamarche.net
- http://fr.wikipedia.org
- http://www.google.com
- http://www.wimaxforum.com
- http://www.ieee.com
- http://www.waveip.com
- http://www.touslesreseaux.com
- http://www.wimax-security.com
- http://www.securiteinfo.com
- http://perso.orange.fr/f5zv/
- http://www.wimax-fr.com

Livres

- Guy PUJOLLE : « Les réseaux » 3ème édition Eyrolles 2003 ;
- Jean–Luc Montagnier : « construire son réseau d'entreprise » ; éditions Eyrolles ; 2001.